JN419167

동물과 인간 모두를 보호하는 생태 통로 이야기

야생 동물에게
길을 내줘요!

글 조앤 마리 갤러트 | 옮김 오지현 | 감수 최태영

초록개구리

더불어 사는 지구는 우리가 세계 여러 나라 사람들과 함께 이 지구에서 더불어 잘 살기 위해
생각해 보아야 할 환경과 생태, 그리고 평화 등의 주제를 다루는 시리즈입니다.

사랑을 담아
앵거스와 재스퍼에게

차례

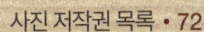

숲 한가운데에 도로가 난다면?

내가 자동차로 먼 거리를 여행하기 시작한 건 내비게이션이 만들어지기 훨씬 전이다. 내비게이션은 인공위성으로 현재 위치를 알아내어 실시간으로 길을 안내해 주는 프로그램이다. 가족들 이야기에 따르면 당시 여덟 살이었던 나는 차를 오랫동안 타고 여행할 만큼 참을성 있는 아이는 아니었다. 출발한 지 5분도 안 되어서 "얼마나 더 가야 해요?" 하며 보챘다고 한다.

▲ 종이 지도를 펼쳐 든 두 사람. 종이 지도를 펼치면 지역을 전체적으로 넓고 자세하게 파악할 수 있고, 새로 얻은 정보를 바로 적을 수 있다.

아버지는 종이 지도 보는 것을 좋아하셨다. 그래서 여행할 때마다 지도를 챙기셨다. 아버지는 지도를 보며 남은 거리를 알아내는 방법을 나에게 가르쳐 주셨다. 지도에는 여행 경로를 따라 마을 위치가 점으로 표시되어 있다. 그리고 점들 사이에는 작은 숫자가 적혀 있다. 이 숫자들을 모두 더하면 남은 거리를 알 수 있다. 검은색, 빨간색, 파란색, 또 회색 선들이 지도 위에서 얽히고설켜 있던 것이 기억난다. 도시들을 에워싼 고속 도로망은 무척 어지러워 보였다.

나는 지도에 있는 표시는 모두 정보를
담고 있다는 사실을 알게 되었다. 실선
과 점선, 색깔 선은 각각 포장된 길, 포
장되지 않은 길, 여러 차선이 마련된 넓
은 길이나 서로 다른 방향으로 나뉘는
길을 나타낸다. 또한 갈색과 초록색, 파
란색의 배경색은 산이 많은 곳, 풀과 나
무가 우거진 곳, 물이 있는 곳을 가리킨
다. 고속 도로는 구불구불하게 표시되어
있다. 고속 도로는 숲을 가로지르고 강
을 건넌다. 또한 해변까지 닿아서 배 선
착장으로 이어지기도 한다.

▲ 지역의 쓰임새와 동물들이 표시된 지도. 이
런 지도와 더 오래된 지도를 함께 비교해 보면,
시간의 흐름에 따라 그 지역이 어떻게 바뀌었
는지 알 수 있다. 더 오래된 지도를 보면 지금
보다 자연은 더 넓고 도로는 더 적다. 이처럼
지도는 인간이 지구에 끼치는 영향을 알아보는
데 도움을 준다.

그런데 지도만 봐서는 알 수 없는 것도
있다. 도로는 지도에서는 자연에 아무런 해를 끼치지 않는 아스팔트
띠처럼 보인다. 하지만 실제로는 야생 동물에게 큰 영향을 끼친다. 서
식지를 갈라놓기 때문이다. 또 도로를 지나는 차량 때문에 오염 물질
이 생긴다.

도로 때문에 빚어지는 문제를 풀려면 전문가뿐만 아니라 이 책을 읽
는 여러분의 도움도 필요하다. 어떻게 하면 도로 때문에 동물들이 받
는 피해를 줄일 수 있는지 이제부터 그 방법을 알아보자.

▲ 도로를 가로지르는 야생 동물들. 이런 야생 동물 서식지 주변의 도로를 지나갈 때에는 주변을 잘 살펴봐야 한다.

1장

차가 쌩쌩 달리는
도로 위의 삶

오늘날 자동차와 도로는 우리 삶에 없어서는 안 되는 필수 요소이다. 우리는 날마다 도로를 통해, 학교에 가고 상점에 가고 먼 지방으로 여행을 가기도 한다. 그런데 우리에게 꼭 필요한 자동차와 도로가 다른 생물들이 사는 곳을 산산조각 내고 있다. 도로가 어떻게 처음 생겨났고, 다른 생물들에게 어떤 영향을 끼치는지 살펴보자.

너무 많은 도로

여러분은 얼마나 자주 차를 타는가? 고속 도로와 도시의 크고 작은 도로는 우리가 자전거나 자동차를 타고 더 쉽게 목적지에 갈 수 있도록 해 준다. 도로는 우리가 날마다 기대어 살아가는 사회 기반 시설 가운데서도 가장 중심이 되는 부분이다. 도로가 있어서 학생들은 학교에 가고, 일꾼들은 일터로 갈 수 있으며, 여행자들은 새로운 곳을 탐험할 수 있다. 환자들이 병원에 가는 것도 도로를 통해서다. 소방관, 구조대원, 경찰관은 도로를 이용해 응급 상황이 벌어진 곳에 출동한다.

더 나아가, 수많은 도로가 그물처럼 얽힌 교통망은 국가의 경제 성장을 돕는다. 교통망 덕분에 천연자원을

▲ 잘 닦인 도로 위에서 자전거를 타는 아이. 도로는 이동의 자유를 준다. 만약 좁은 진흙 길로만 다녀야 했다면, 지금처럼 쉽게 외출할 수 없었을 것이다.

▲ 차량 때문에 도로가 선명하게 드러난 도시의 밤 풍경. 많은 사람이 모여 살고 잘사는 나라 일수록 도로가 촘촘하게 놓여 있다. 버스와 전철 같은 대중교통을 이용하면 교통량을 줄이는 데 도움이 된다. 하지만 사람들은 대부분 편리한 자가용을 더 좋아한다.

이용할 수 있고, 제품을 여러 시장에 실어 나를 수 있기 때문이다. 우리가 필요한 물건을 사러 상점에 갈 때에도 도로를 이용한다. 연구자들은 얼마나 많은 도로가 건설되었는지를 밝혀내기 위해 노력해 왔다. 한 연구 자료에 따르면, 전 세계에 십자(十) 모양으로 된 도로들의 길이가 무려 2,100만 킬로미터 이상이라고 한다. 또 다른 연구 자료에 따르면, 지구상에 있는 도로들의 전체 길이는 6,400만 킬로미터에 이른다고 한다. 그래서 지도에 그토록 많은 선이 그어져 있는 것이다! 미국에는 총 671만 킬로미터의 도로가 있으며, 캐나다에는 100만 킬로미터 이상의 국도가 있다. 이런 도로 가운데에는 4차선 고속도로도 있고, 양방향 이동이 가능한 포장 또는 비포장 도로도 있다. 다리 위에 놓여서 물을 가로질러 갈 수 있는 도로도 있고, 산 속이나 바닷속 터널을 통과하는 도로도 있다.

도로는 어떻게 만들어졌을까?

도로는 본디 동물들이 다니던 길을 사람들이 쓰임새에 따라 바꾸어 쓰면서 생겨났다. 사람들이 본격적으로 도로를 만든 건 기원전 4,000년경부터다. 이 무렵에 건설된 초기 도로에는 오늘날 이라크 지역에서 발견된 돌로 포장된 길, 그리스 크레타섬의 크고 작은 돌을 여러 층으로 깔아서 만든 도로, 통나무를 빽빽하게 붙여 놓은 영국의 통나무 길이 있다. 고대 로마인들은 가장 뛰어난 도로 건설자들로 알려졌는데, 그들이 만든 1,000년 이상 된 도로들 가운데 몇몇은 지금도 여전히 이용된다!

로마인들은 도로를 잘 닦으면 전쟁이 났을 때나 물건을 사고팔 때 이동이 빠르고 쉬워서 영토 관리에 이롭다는 것을 알았다. 그래서 기원전 312년부터 8만 5,295킬로미터에 이르는 도로를 건설했다. 도로는 제국의 수도 로마와 먼 지역들을 이어 주었다. 로마인들은 도중에 호수나 다른 장애물이 있어도, 도로를 되도록 일직선으로 놓으려고 했다. 로마인들은 배수 장

▲ 고대 로마인이 만든 도로. 이런 도로 덕분에 전쟁에 나가는 일반 병사와 말을 타고 가는 기병이 하루에 32킬로미터나 이동할 수 있었다. 말을 타고 가서 소식을 전하는 기마 전령은 말을 바꿔 탈 수 있는 역을 이용하면서 하루에 97킬로미터까지도 이동했다.

치를 만들고, 커다란 돌들을 밑바닥에 쌓은 뒤 그 위에 자갈과 점토를 겹겹이 쌓아서 0.9미터에서 1.8미터에 이르는 두께로 도로를 놓았다. 오늘날 도로 때문에 야생 동물이 살던 곳에서 내쫓기는 것처럼, 그 당시 도로가 건설된 지역의 야생 동물들도 분명히 새 보금자리를 찾기 위해 흩어졌을 것이다.

그렇다고 요즘처럼 야생 동물 보호가 걱정거리였던 것 같지는 않다. 그때는 인구수가 지금보다 적고 야생 서식지는 훨씬 넓었기

기후에 따라 달라지는 도로

도로는 대개 아스팔트로 덮여 단단하고 평평하게 다져진다. 아스팔트는 원유나 석유에서 여러 성분을 빼내고 나서 남은 물질로, 끈적거리고 검은색을 띤다. 높은 온도에서는 액체이고, 낮은 온도에서는 매우 딱딱해져서 어떻게 사용할지에 따라 성질을 조절할 수 있다. 도로를 만들 때에는 흙, 자갈, 벽돌, 조약돌, 콘크리트 같은 재료도 들어간다.

도로를 건설하는 기술자들은 교통량과 소음, 비용을 예측해 재료를 고른다. 재료를 고를 때에는 기후도 꼭 살펴야 한다. 기온이 높게 치솟으면 포장된 도로 표면은 노글노글해지고 부풀어오른다. 그러면 다리 연결 부위에 부담이 가고, 도로 표면에 바퀴 자국과 웅덩이가 생길 수 있다. 추운 북극 지방의 도로는 항상 얼어 있는 영구 동토층의 영향력을 견뎌내야 한다. 최근 지구 온난화로 영구 동토층이 녹으면서 면적이 줄고 있다. 그 때문에 북극 지방의 도로가 휘어지고 푹 꺼지게 되었다. 게다가 기후 변화로 일어나는 폭우, 산사태, 산불과 같은 심각한 기상 재해는 도로의 수명을 줄인다. 이렇게 망가진 도로를 고치고 다시 건설하는 일은 야생 동물들을 큰 혼란에 빠뜨린다. 공사 때문에 나는 소음과 조명이 주변 서식지에 사는 동물들의 감각을 흩뜨려 놓기 때문이다.

때문이다. 하지만 오늘날 지구에는 80억 명이 넘는 사람들이 산다. 우리가 사람과 자원, 상품을 한 장소에서 또 다른 장소로 끊임없이 이동시키려고 하기 때문에 자연은 무척 시달린다.

야생 동물을 내쫓는 도로

차를 타고 숲속을 지나고 있다고 상상해 보자. 도로 양옆으로 나무들이 보초병처럼 늘어서 있고, 나무들의 긴 그림자가 검은 포장도로에 드리운다. 이제 그 도로를 건설하고 있을 때의 모습을 떠올려 보자. 불도저가 숲속에 나 있는 오솔길을 밀어 버린다. 청설모와 같이 나무 위에서 시간을 보내는 동물들의 숲이 베이거나 여러 부분으로 나뉘고 만다. 또한 나무에 둥지를 짓던 새들, 나뭇가지에 엎드려 햇볕을 쬐던 퓨마, 또 새싹을 뜯어 먹던 무스는 어쩔 수 없이 서둘러 탈출해야 한다.

잔가지로 만들어진 둥지 속 새끼 새들이나 속이 빈 나무 안에 있는 새끼 올빼미들은 건설 현장에서 살아남을 수 없다. 솔방울을 나무 밑동에 숨겨 놓는 청설모는 소중한 먹이 저장고를 잃는다. 다람쥐는 부드러운 땅에 흙을 파내 굴을 뚫고 방을 만들어 놓았건만 더 이상 그곳에 들어갈 수 없게 된다. 나무가 잘 자란 숲에서 잠잘 곳과 먹이를 얻던 박쥐, 오래도록 식물의 꽃가루받이를 돕던 토종 곤충들도 살 곳을 잃는다.

심지어 물고기에게도 피해가 간다. 나무가 드리우는 그늘은 물온도가 고르게 유지되는 데에 도움이 된다. 개울 속으로 뻗어 내

▲ 도로 가장자리에 서 있는 비버. 비버가 차에 치여 죽으면 습지의 생물 다양성에 큰 해를 입힌다. 비버는 댐을 만드는 습성이 있는데, 댐이 있어야 습지 서식지가 생겨나기 때문이다. 개구리, 도롱뇽, 거북, 물고기, 새, 수달, 곰, 사슴을 비롯한 다양한 동물들이 이 습지를 서식지로 삼는다.

려간 나무뿌리는 물고기가 쉬거나 숨기 좋은 장소를 만들어 준다. 나무 그늘이 필요한 동물들은 체온을 계속 차갑게 유지하기 위해 이제 새로운 곳을 찾아야 한다.

도로 공사는 자연스레 물이 흘러 나가는 배수 기능도 망가뜨린다. 공사하면서 쌓이는 흙과 모래, 쓰레기가 습지로 흘러 들어가지 않도록 막아야 하지만, 항상 완벽하게 막을 수는 없다. 이러한 것들이 습지에 흘러 들어가 쌓여서 서식지가 나빠지면 개구리, 사향쥐, 비버

▲ 근처에 야생 동물이 살고 있으니 주의하라는 내용을 담은 디지털 표지판. 이런 표지판은 동물이 먹이를 찾아다니는 지역, 이동 경로, 또는 다른 서식지와 도로가 겹치는 지역에 세워진다. 디지털 표지판은 그때그때 달라지는 상황을 알려 준다.

15

◀ 탄지는 씨앗으로 번식하지만 가로 방향으로 자라는 땅속줄기로도 번식한다. 탄지는 뻣뻣한 줄기가 1.8미터 높이로 빽빽하게 자라서 토종 식물이 자라지 못하게 한다. 결국 탄지는 본디 야생 동물이 살던 서식지의 질을 떨어뜨린다.

▼ 도로를 따라 자라는 식물들은 자동차 소음을 줄여 주는 역할을 한다. 또한 길가 식물들은 야생 동물의 서식지가 되기도 한다. 하지만 길가 식물들이 우거지면 야생 동물과 차가 서로 보지 못해 부딪칠 위험이 높다.

같은 동물들이 살아가기 어렵다. 서식지가 나빠진다는 것은 그곳에 사는 동물들이 살아가기에 알맞지 않거나 아예 살 수 없게 된다는 뜻이다. 나빠진 서식지에서는 먹이와 물, 은신처를 찾기 힘들다. 이런 상황에서 동물들은 먹이를 구하고 새끼를 낳아 기를 새로운 보금자리를 찾아야 하기 때문에 스트레스를 받는다. 게다가 환경이 파괴된 틈을 타 다른 데서 온 침입종 식물이 마구 퍼질 수도 있다.

도로를 따라 들어오는 침입종

도로를 건설할 때에 침입종 식물의 씨앗이 장비와 멀칭재를 통해 들어오기도 한다. 멀칭재는 잡초가 자라거나 땅이 마르는 것을 막기 위하여 식물 주위

▲ 여러 나라에서 침입종으로 지정된 녹색이구아나. 사람들이 녹색이구아나를 반려동물로 키우다가 너무 크게 자라서 더 이상 집에서 키울 수 없다고 생각하면 숲에 풀어놓는 일이 종종 있다. 이런 행위는 불법으로, 생태계를 빠르게 망가뜨린다. 몸무게가 9킬로그램이나 나가는 녹색이구아나는 도로를 건너거나 도로 위에서 햇볕을 쬐다가 운전자와 승객을 위험에 빠뜨릴 수 있다.

에 뿌리는 짚단, 낙엽, 나무 부스러기 따위를 말한다. 멀칭재는 배수로와 중앙 분리대에 나무나 꽃을 심을 때 쓰인다.

침입종 식물의 씨앗은 파헤쳐진 땅에 뿌리를 내리고 아주 넓게 퍼져서 본디 거기에 살던 토종 식물의 자리를 차지하고 만다. 국화과의 여러해살이풀인 '탄지'는 북아메리카 대륙에 퍼진 침입종 식물이다. 탄지는 1년에 5만 개 이상의 씨앗을 만들어 내기 때문에 나무를 심어 다시 숲을 만들 때 방해가 된다. 야생 동물이 잘 살아가려면 서식지에 다양한 풀과 나무가 자라야 한다. 하지만 탄지와 같은 침입종 식물은 이런 일을 방해한다. 침입종 식물들은 정작 토종 식물들이 흡수해야 할 물을 빼앗아 가고, 땅을 깎아 내려 도로마저 망가뜨린다.

▼ 캐나다 횡단 고속 도로를 따라 설치된 울타리를 넘고 있는 흑곰. 이 곰은 갈고리처럼 생긴 강한 발톱을 이용해서 나무뿐만 아니라 울타리와 같은 설치물을 타고 오르내린다. 도로와 철도가 생기면서 서식지가 여기저기로 잘게 나뉘는 일은 곰의 개체 수가 줄어드는 원인이 된다.

맞을까? 틀릴까?

✓ TRUE or FALSE ✗

울타리로 곰이 도로에 들어오는 것을 막을 수 있다.

침입종 식물처럼, 토종 동물이 아닌 외래 침입종 동물도 문제를 일으킨다. 외래 침입종 동물은 새로 자리 잡은 곳에 천적이 없기 때문에 수가 빠르게 늘어난다. 녹색이구아나는 미국 플로리다주와 텍사스주, 하와이주를 비롯한 여러 곳에서 침입종으로 지정되었다. 몸길이가 1.5미터까지 자라는 녹색이구아나는 도로를 높이기 위해 흙을 쌓은 부분과 이 부분을 고정시키는 벽 아래쪽으로 파고들어 도로를 망가뜨린다. 미국 교통 당국은 굴을 파고 다니는 녹색이구아나가 고속 도로를 무너뜨릴까 봐 걱정되어 도로를 고쳐야

정답은 '틀렸다'이다! 캐나다 밴프 국립 공원에서는 흑곰이 2.4미터 높이의 울타리를 타고 넘어서 도로 옆 배수로에서 자라는 민들레 같은 영양가 높은 풀을 먹는다. 야생 동물 전문가들은 캐나다 국립 공원 관리청의 도로 기술 팀과 함께 연구한 끝에 태양열 전기로 작동하는 울타리를 만들었다. 이 울타리에는 전기가 흐르는데, 전기 충격은 곰이 울타리를 타 넘지 못하게 하기에 충분하지만 곰을 다치게 할 정도는 아니다. 울타리를 타면 불쾌하다고 느끼게 만들어서 다시는 넘어가지 않게 하려는 것이다. 울타리를 이용한 해결책에 대해서는 다음 장에서 더 자세히 알아보자.

했다. 하지만 도로를 고치는 일은 문제를 완전히 해결한 것이 아니다. 해마다 미국에서는 침입종 생물 때문에 도로에 생겨난 문제를 해결하고 관리하는 데 엄청난 비용이 들어간다.

사람들이 이용하는 도로를 만들고 관리하는 건 정부의 일이다. 교통 계획을 세우는 전문가들은 도로가 환경에 어떤 영향을 줄지 꼭 짚어 보아야 한다. 환경 오염, 온실가스 배출, 서식지 파괴와 같은 위험 요소들이 있는지 살펴봐야 한다. 동식물의 서식지가 줄어드는 문제도 생각해야 한다. 도로 건설 때문에 빗물이 모이는 개울이나 강 주변의 땅이 사라지고, 생태계가 잘게 나뉘어 외딴 조각처럼 떨어지면 동식물의 서식지가 줄어든다. 흙과 암석, 풀, 나무를 함부로 옮기면 개울이나 강 주변의 땅이 망가져서 물이 잘 빠지지 않거나 산사태가 일어날 수 있다.

도로생태학이란?

우리는 문제를 일으키기 위해서가 아니라 문제를 해결하기 위해서 도로를 만든다. 하지만 도로를 건설하면서 인간과 야생 동물, 환경 저마다의 요구를 골고루 만족시키기는 어렵다.

'도로생태학'은 도로와 교통이 수많은 사람과 지역 사회뿐만 아니라 생태계에 어떤 영향을 끼치는지 조사하는 학문이다. 이 학문의 목적은 도로가 끼치는 해로운 영향을 없애거나 최대한 줄이는 방법을 찾는 것이다. 도로가 일으키는 해로운 영향에는 야생 동물이 차량과 부딪쳐서 죽거나 다치는 것도 포함된다. 도로생태

▲ 캐나다 밴프 국립 공원의 생태 통로. 등산객이나 관광객이 있으면, 동물들은 이 통로를 사용하려 하지 않을 것이다.

학자들은 주로 자동차 배기가스, 소음, 인공조명, 눈과 얼음을 녹이는 데 쓰이는 화학 물질과 관련된 공해 문제를 조사한다. 이들은 아스팔트 같은 건설 자재에 들어 있는 오염 물질에 특히 관심을 보인다. 이런 물질은 환경을 해치기 때문이다.

도로생태학자들은 도로 건설 때문에 동식물이 살던 서식지가 없어지거나 여러 조각으로 나뉘는 현상을 조사한다. 그리고 도로 건설로 끊어진 생태계의 가장자리에서 무슨 일이 벌어지는지도 살펴본다. 도로 옆 배수로와 숲처럼, 서로 다른 서식지가 갑자기 이어지면 생물들이 살아가기에 어려운 환경이 된다. 도로에 의해 끊어진 숲의 가장자리에는 주변과 다른 기후를 지닌 작은 서식

▲ 생태 통로 아래로 지나는 차량들. 생태 통로는 차량과 야생 동물 사이의 충돌을 막아서, 사람과 동물 양쪽 모두를 보호한다.

지가 새로 만들어진다. 가장자리에서는 빛의 밝기, 습도, 흙, 자라는 식물들, 바람의 양이 바뀔 수 있다. 이러한 점이 어떤 생물에게는 살기 어려운 이유가 되지만, 또 다른 생물에게는 이로운 조건이 된다. 문제는 생물들이 자원을 놓고 서로 경쟁할 때 생긴다. 한 종의 생물이 가장자리 환경에 더 잘 적응하면, 생태계 균형이 깨져서 다양한 생물이 함께 살아갈 수 없게 된다.

야생 동물의 이동을 돕는 생태 통로

야생 동물은 먹이와 물, 짝짓기 상대와 보금자리를 찾아 이동한다. 천적도 피해 다녀야 한다. 이런 야생 동물에게 도로와 차량은 이동을 어렵고 위험하게 만든다. 도로 위에서 동물들이 차에 치여 죽는 일은 세계 곳곳에서 문제가 되고 있다. 도로 위 죽음은 또 다른 죽음으로 이어질 수 있다. 곰, 코요테, 까마귀 같은 청소 동물이 죽은 동물을 먹으려고 도로에 나왔다가 목숨을 잃기도 한다. 동물들이 다치거나 죽으면 그 지역에 사는 동물의 수가 줄어들고, 여러 동물들이 서로 먹고 먹히는 복잡한 먹이 그물도 흐트러지게 된다.

▲ 도로 가장자리에 나와 있는 불곰. 도로를 지나다가 이런 야생 동물을 보면 차를 멈추고 싶어진다. 하지만 천천히 지나치는 것이 가장 좋다. 야생 동물들이 인간을 자주 만나면 덜 무서워하고 피하지 않게 된다. 그러면 동물이 차량에 치이거나 사람에게 공격적으로 행동할 위험이 커진다.

캐나다 앨버타주에 있는 밴프 국립 공원은 세계에서 가장 오랫동안 야생 동물 횡단을 연구해 온 곳이다. 이곳에는 흑곰, 불곰, 큰뿔양, 퓨마, 코요테, 늑대, 사슴, 무스, 엘크를 비롯해 수많은 동물이 살고 있다. 이처럼 많은 야생 동물들이 캐나다 횡단 고속 도로를 건너지 못하게 하려고 공원에는 82킬로미터 길이의 울타리가 세워져 있다. 또한 동물이 고속 도로 위로 지나다니게 해 주는 6개의 육교형 생태 통로와 도로 밑으로 지나가게 해 주는 38개의 터널형 생태 통로가 설치되어 있다. 이 울타리와 생태 통로는 동물이 도로에 뛰어들었다가 차에 치여 목숨을 잃는 로드킬을 줄이고, 고속 도로 양쪽으로 나뉜 서식지를 서로 이어 준다.

생태 통로가 만들어진 뒤에는, 동물들이 통로를 사용하는 법을 익혀야 한다. 불곰과 늑대 같은 조심성이 많은 동물들은 이런 시설에 적응하기까지 적어도 5년이 걸렸다. 반면에 무스는 좀 더 용감한 모습을 보였고, 심지어 몇몇은 공사 중인 통로를 건너기도 했다. 새로운 연결 통로는 동물들이 도로에서 죽는 일을 막고, 유전자 다양성을 늘리는 데 도움을 준다. '유전자 다양성'이란, 부모로부터 자손에게 전해지는 특성의 범위를 뜻한다. 유전자 다양성이 커지면 동물들이 건강한 새끼를 낳을 확률이 높아지고, 환경 변화에도 잘 적응할 수 있게 된다.

환경을 미리 살피는 '환경 영향 평가'

도로 건설은 처음부터 끝까지 환경에 크나큰 영향을 미친다. 몇몇 국가에서는 도로를 건설하기 전에 환경 영향 평가를 실시하도록 법으로 정했다. 이 과정은 건설 사업이 동물 서식지에 어떤 영향을 줄지 이해하는 데 도움이 된다.

환경 영향 평가에는 시민, 정부, 과학자, 시민 단체가 참여할 수 있다. 도로 건설로 피해를 입는 지역에 오래전부터 살아온 주민들을 초대해서 의견을 듣기도 한다. 평가 결과, 도로 건설이 주민들이 생존에 필요한 먹을거리를 얻는 데 방해가 될 수 있다는 점이 드러날 수도 있다. 동식물의 종류가 줄어들고 해안선이 바뀔

수 있다는 점을 알게 될 수도 있다.

평가 보고서에는 앞으로 생길 수 있는 문제들을 줄이거나 막거나 관리하는 방법도 들어 있다. 이런 방법을 '완화 조치'라고 부른다. 완화 조치에는 환경이 나빠진 서식지를 되살리거나, 피해를 본 사람들에게 금전적 보상을 제안하는 내용이 있다.

환경 영향 평가는 환경을 보호하기 위해 꼭 거쳐야만 하는 과정이다. 하지만 환경 영향 평가를 한다고 해서 도로 건설에서 환경이 반드시 더 중요하게 여겨지는 것은 아니다. 환경은 건설 비용 줄이기라는 목표 앞에서 뒤로 밀릴 수 있다.

운전자 곁에서 동물을 먼저 찾아본다

야생 동물을 돕는 한 가지 방법은 옆자리 또는 뒷자리 운전자가 되는 것이다. 곧, 운전하는 사람 곁에서 운전에 도움을 주는 사람이 되는 것이다.

사람의 안전을 지키기 위해, 도로와 배수로에 동물이 있는지 잘 살펴보자. 특히 해가 뜨고 질 무렵에는 야생 동물이 더 활발하게 활동하기 때문에 주의 깊게 보아야 한다. 야생 동물 주의 표지판이나, 차량 불빛을 반사해 동물이 도로로 나오는 걸 막아 주는 반사경이 도로 가장자리에 설치된 것이 보이면 운전자에게 천천히 가 달라고 말하자. 이런 표지판이나 반사경은 야생 동물이 자주 나타나서 사고 위험이 높은 곳에 설치되기 때문이다.

언덕 꼭대기와 커브 길의 시작점처럼 도로가 한눈에 들어오지 않는 곳도 조심해야 한다. 차 앞을 비추는 헤드라이트 빛이 반사되어 반짝이는 동물의 눈을 본다면 주의해야 한다. 곧이어 동물이 나타나면 운전자에게 천천히 가 달라고 부탁하자. 눈앞에 보인 동물 뒤로, 함께 다니는 짝이나 무리가 나타날지도 모른다. 그리고 그 동

▲ 차에 같이 탄 사람은 운전자들이 야생 동물을 잘 볼 수 있도록 도울 수 있다. 농장, 숲, 습지, 개울 다리, 호숫가 같은 자연 지역을 지날 때에는 특별히 더 주의를 기울여야 한다.

물은 향했던 방향으로 나아가지 않을 수도 있다. 다른 동물들이 양쪽에서 갑자기 나타날 수 있기 때문에 차의 왼편과 오른편 양쪽에 똑같이 주의를 기울여야 한다.

만약 맞은편에서 다가오는 차량이 비상등을 깜박거린다면, 도로 위에 동물이 있다는 경고일지도 모른다. 헤드라이트로 비치는 영역 너머를 잘 살피며 운전자에게 천천히 가 달라고 하는 것이 좋다. 여러분이 도로에서 마주치는 동물의 종류는 장소와 계절, 시간대에 따라 다르다.

속도를 줄이게 만드는 기발한 작전들

세계 곳곳의 도로 설계자와 지역 사회는 운전자들이 속도를 줄이도록 이끌기 위해 재치 있는 방법을 사용한다. 정지 신호 앞에 커브 길을 만들거나, 과속 방지턱을 설치하거나, 길바닥에 그림을 그리기도 한다. 이러한 작전은 주로 걸어 다니는 사람과 자전거 타고 다니는 사람을 보호하기 위한 것이다. 하지만 자동차 속도가 줄면 반려동물, 가축, 야생 동물의 생명도 구할 수 있다. 야생 동물 주의 표지판은 운전자에게 동물을 맞닥뜨릴 수도 있다는 사실을 알려 준다. 야생 동물과 차량이 부딪히면, 차가 부서지고 길이 막히는 것으로 그치지 않고 사람이나 동물이 크게 다치거나 목숨을 잃을 수도 있다. 동물을 차로 치는 사고는 누구나 피하고 싶은 끔찍한 경험이다.

2장

야생 동물을 위한 새로운 길

자동차를 타고 가다 보면, 차에 치여 죽은 동물들을 꽤 자주 발견하게 된다. 이처럼 동물이 도로에 나왔다가 차에 치여 목숨을 잃는 일을 '로드킬'이라고 한다. 이 장에서는 로드킬이 왜 일어나는지, 그것을 막기 위해서는 어떻게 해야 하는지 알아보자.

자연 서식지와 닮은 생태 통로

놀이공원에 있는 어두컴컴한 '귀신의 집'에 들어가 본 적 있는 가? 그런 곳에서는 갑자기 뭐가 튀어나올지 몰라서 마음을 놓을 수 없다. 야생 동물에게 생태 통로가 그런 곳이다. 동물들은 생태 통로에 어떤 위험이 도사리고 있는지 알 수 없기 때문에, 천적에 게 들키거나 덫에 걸릴 일이 없다는 걸 확인하고 나서야 생태 통로에 들어선다.

동물들이 잘 이용하는 생태 통로는 동물들의 자연 서식지를 닮 았다. 이런 생태 통로는 빛이 더 많이 들어오도록 격자 창문이 나 있기도 하고, 알맞은 습도가 유지되도록 설계되어 있기도 하다. 자연을 닮은 환경은 덤불, 통나무, 나무 그루터기, 흙, 돌 같은 것 으로 만들어진다. 울타리, 줄지어 심은 덤불, 흙이나 돌로 만든 담 장은 동물이 도로가 아닌 생태 통로 쪽으로 가도록 이끈다. 육교 형 생태 통로는 야생 동물과 차량의 충돌 사고를 줄여 주고, 불곰 같은 야생 동물들의 서식지를 이어 준다.

도로생태학자들은 작거나 중간 크기의 동물들을 위해 터널이나

▲ 지하에 마련된 생태 통로를 지나는 늑대. 이런 동물들에게 도로는 큰 문젯거리다. 기후 변화 때문에 새로운 서식지를 찾아 나서야 하기 때문이다. 야생 동물이 기후에 적응하도록 하려면, 야생 동물이 다닐 수 있는 터널을 만들어 길을 이어 놓는 것이 중요하다.

지하 통로를 만들어야 한다고 말한다. 이런 통로가 필요한 동물에는 포유류, 파충류, 양서류, 물고기, 그 밖의 물에 사는 동물들이 있다. 터널형 생태 통로에 속하는 지하 통로는 육교형 생태 통로보다 만드는 데 돈이 덜 든다. 보통 시멘트나 금속판으로 된, 원형 또는 타원형 통로를 설치하면 되기 때문이다. 박스 모양의 지하 통로는 몸집이 큰 동물도 도로 아래를 지나갈 수 있게 돕는다. 육교형 생태 통로에서처럼, 울타리를 활용하면 큰 동물들을 지하 통로로 이끌 수 있다.

야생 동물을 아는 만큼 로드킬을 줄인다

몇몇 동물은 자연스럽게 도로로 이끌려 나온다. 이동하기 위해서, 먹이를 얻기 위해서, 또는 '제설용 소금'을 핥기 위해서 도로

안전한 길이 필요해!

미국 워싱턴주 롱뷰에 사는 아모스 피터스는 청설모가 도로를 건너려다가 차량과 부딪쳐 목숨을 잃는 모습을 자주 보았다. 그는 도로 위에 청설모가 다닐 수 있는 다리를 놓는 게 좋겠다고 생각했다. 그는 머릿속에 떠오른 다리를 그림으로 그렸고, 건축가와 건설업자들을 불러서 도움을 구했다. 그들은 알루미늄과 낡은 소방 호스로 18미터 길이의 다리 모양 생태 통로를 만들었다. 오늘날 이 다리는 미국의 국립사적지에 올랐다. 이 지역에는 청설모 생태 통로가 여덟 개 더 설치되었다. 그 가운데에는 실제 다리를 작게 본떠 만든 것도 있다. 주민들은 해마다 청설모 축제를 열어, 청설모와 생태 통로를 기념한다.

▼ 1963년 미국 워싱턴주 롱뷰에 만들어진 청설모 생태 통로. 이 지역의 명소이자 랜드마크가 되었다. 이 통로는 환경과 생태를 생각하는 시민 몇몇이 얼마나 위대한 일을 이루어 낼 수 있는지 보여 준다.

로 나온다. 과학자들은 도로에서 죽어 가는 동물의 수를 줄이고 사람들을 더 안전하게 보호하기 위해 수많은 정보를 모은다. 이때 로드킬이 왜 일어나는지 연구하는 일은 큰 도움이 된다. 로드킬은 동물이 도로에 나왔다가 차에 치여 목숨을 잃는 일을 말한다. 과학자들은 야생 동물들이 어디에서 사는지, 어떻게 행동하는지 공부한다. 이들은 여러 연구 논문에서 야생 동물의 개체 수, 질병, 환경 오염 물질에 대한 정보를 얻는다. 이런 연구를 통해 침입종 동물과 야행성 동물, 그 밖의 추적 관찰이 어려운 여러 동물의 존재를 밝혀낸다.

LONGVIEW, WA.   MARCH 19, 1963
NUTTY NARROWS BRIDGE
Constructed by Amos J. Peters, Construction

생태 통로로 서식지를 다시 잇는다

캐나다 온타리오주에 있는 롱 포인트 둑길은 길이가 3.6킬로미터밖에 안 되지만 2003년에 세계에서 거북의 로드킬이 가장 많이 일어나는 곳 가운데 하나로 꼽혔다. 이 둑길은 온타리오주 이리호 북쪽 호숫가에 위치한 롱 포인트 생물권 지역의 일부이며, 유네스코 생물권 보전 지역을 가로지른다. 이곳은 캐나다에서 야생 동물이 가장 빽빽하게 모여 있는 곳으로, 인구 대비 멸종 위기종 생물의 수가

▶ 도로를 건너는 거북을 도와주려면 다음의 사항을 지켜야 한다. 두 손으로 거북을 들어야 하고, 절대로 꼬리로 거북을 들어 올리면 안 되며, 반드시 거북이 가려고 하는 쪽의 길옆으로 거북을 옮겨 주어야 한다. 살충제나 로션이 거북에 묻지 않도록 손을 깨끗이 씻어야 하고, 거북을 만진 뒤에도 비누와 물로 손을 꼼꼼히 씻는다.

캐나다의 다른 어느 곳보다 많다.

롱 포인트 둑길은 핵심 서식지를 둘로 가른다. 그래서 야생 동물이 먹이를 구하고, 새끼를 낳고, 집을 지으려면 어쩔 수 없이 둑길을 넘나들어야 한다. 생태 통로가 설치되기 전에는 해마다 100종에 이르는 야생 동물 약 1만 마리가 죽임을 당했다. 특히 개구리, 뱀, 거북 들이 목숨을 잃었다. 둘로 나뉜 서식지를 다시 잇기 위해 사람들은 큰 대가를 치렀다. 나뉜 곳을 잇고 환경을 더 좋게 만들기 위해서 4.5킬로미터의 야생 동물 보호 울타리를 치고 일곱 개의 터널 또는 지하 통로를 설치하였다. 터널과 터널 사이는 150미터를 넘지 않게 했다. 거북이 돌아다닐 수 있는 범위 안에서 터널을 쉽게 만나도록 한 것이다.

터널과 지하 통로가 설치되자, 교통량이 많은 둑길에서 차에 치여 죽는 동물의 수가 80~90퍼센트까지 줄었다. 멸종 위기에 놓인 거북과 뱀뿐만 아니라 개구리, 밍크, 족제비 같은 다른 동물도 생태 통로로 다녔다. 지하 통로는 뜻밖에 이로운 효과를 가져왔다. 이리호의 물고기들이 예전 서식지에서 알을 다시 낳을 수 있을 만큼 호수의 수질과 환경이 좋아졌다.

몸집이 작은 동물을 위한 생태 통로

도로생태학자들은 주로 몸집이 큰 동물을 연구한다. 하지만 생물 다양성을 보존한다는 것은 모든 크기의 동물을 보호한다는 뜻이다. 몸집이 작은 동물은 생태계에서 중요한 역할을 한다. 씨앗을

맞을까? 틀릴까?

✓ TRUE or FALSE ✗

우리가 생물 다양성을 높이는 데 도움을 줄 수 있다.

정답은 '맞았다'이다! 여러분이 베란다 화분에 식물을 심어 기르거나, 화단을 가꾸거나 또는 텃밭을 일구고 있다면, 동네에 사는 동물들을 도울 수 있다. 만약 침입종 식물을 기르고 있다면 뽑아 버리고 토착종을 심자. 돌이나 나뭇가지를 쌓거나 통나무나 그루터기를 이용해서 자연 서식지를 만들자. 이미 동물들이 살고 있는 서식지에서는 자연 재료를 함부로 빼 와서는 안 된다. 지붕과 포장도로를 비롯하여, 물을 흡수하지 못하는 딱딱한 표면에서 흘러나오는 물의 방향을 조종하여 빗물 정화 정원을 만들 수도 있다. 물이 새 물통, 땅이 움푹 패인 곳, 또는 풀과 나무 쪽으로 떨어지게 해 보자. 단, 건물 쪽으로 떨어지게 해서는 안 된다.

퍼뜨리고 영양소를 흙으로 전달한다. 또 천적에게 먹이가 되어 주며 식물이 지나치게 자라는 걸 막기도 한다.

작은 동물을 위한 생태 통로는 동물 특성에 딱 맞게 설계해야 한다. 생태 통로는 작은 동물에게 알맞은 서식지에 지어져야 하고, 소음이나 인간 활동과는 멀리 떨어져 있어야 하며, 몸을 숨기기에 충분한 공간이 있어야 한다. 작은 동물을 위한 생태 통로를 만들 때는 위치를 더욱 신중하게 정해야 한다. 5킬로그램 미만의 동물은 먼 거리로 이동하기 힘들다. 작은 동물은 자기가 사는 곳에 도로가 들어서면 새로운 서식지를 찾아 멀리 갈 수가 없다.

캐나다 퀘벡주의 연구자들은 30킬로그램 미만 중소형 동물에게 일어나는 로드킬을 조사했다. 2015년까지 네 번의 여름을 지내며, 68킬로미터 길이의 4차선 고속 도로 직선 구간에서 동물 사

▲ 도로를 건너는 호저. 호저는 느릿느릿 움직이는 동물이지만, 도로와 같이 탁 트이고 텅 빈 공간에 거리낌 없이 들어선다. 호저의 몸에는 3만 개가 넘는 가시털이 나 있어서 포식 동물이 호저에게 쉽게 다가가지 못한다. 하지만 이 가시털이 도로 위 차들로부터 호저를 지켜 주지는 못한다.

체 893구를 발견했다. 죽은 동물의 종류로는 여우 47마리, 마멋 46마리, 스컹크 42마리, 토끼 41마리, 스라소니 2마리, 호저 366마리가 있었다.

호저는 느리게 움직이는 야행성 동물로, 길가 식물이 자라서 우거지는 봄과 짝짓기 상대를 찾아야 하는 가을에 도로에서 사고를 당할 위험이 가장 크다. 호저는 해마다 새끼 한 마리를 낳기 때문에 자칫하면 멸종되기 쉽다. 호저가 차에 치이는 사고는 한 지역에 사는 호저 전체의 생존을 위협할 수 있다.

동물 편에서 울타리를 세우자

울타리는 동물들이 도로로 들어서지 않도록 하는 데 도움이 된다. 하지만 좀 더 자세히 들여다보면, 울타리가 완벽한 해결책은 아니라는 사실을 알 수 있다. 울타리는 동물들의 이동을 막는다. 그럼에도 불구하고 울타리를 설치하는 이유는 동물의 이동을 막는 것보다 차량과 동물 사이의 충돌 사고가 더 큰 문제이기 때문이다. 울타리 설치 비용이 터널이나 육교형 생태 통로를 짓는 것보다 덜 들기 때문이기도 하다.

도로 설계자들은 동물이 자주 다니는 길과 차량에 치이기 쉬운 지역을 알아낸다. 또한 생태 통로를 이용하도록 만들고자 하는 동물이 울타리와 같은 장애물을 따라서 얼마나 멀리 돌아가고, 어떤 반응을 보이는지 살펴본다. 이 동물들은 울타리 아래에 굴을 팔까 아니면 울타리를 기어오를까?

설계자들은 그 지역 땅의 특성도 알아본다. 땅이 평지인지, 산지인지, 바위가 많은지, 숲이 우거졌는지, 습지인지 살펴본다. 기후도 봐야 한다. 울타리 재료는 기온에 따라 팽창할 수도 있고 수축할 수도 있다. 다시 말하면, 그 지역의 기온에 따라 울타리 재료가 휘거나 처지거나

▲ 먼 거리를 이동하는 노새사슴. 많은 노새사슴이 차로 붐비는 고속 도로를 피하느라 예전만큼 멀리 이동하지 못한다. 울타리는 노새사슴을 안전한 길로 이끌지만, 서식지를 나누어 놓아 짝짓기 무리를 한쪽에 가둔다.

갈라질 수 있다. 눈이 바람에 날려 울타리에 쌓이면 동물들이 쌓인 눈을 딛고 울타리를 넘을 수 있다. 또한 설계자들은 울타리를 세우려는 곳의 주변 땅이 지금 어떻게 쓰이는지, 또 앞으로 어떻게 쓰일지 알아보아야 한다.

울타리를 세우기로 했다면, 얼마의 길이로 할지 정해야 한다. 울타리 길이가 너무 짧으면 울타리가 끝나는 지점에서 동물들이 도로를 건너려고 한다. 반대로, 울타리가 충분히 길면 동물들이 도로에서 멀어지거나, 주변에 있는 생태 통로 쪽으로 이동하게 이끌 수 있다. 연구 결과에 따르면 5킬로미터가 안 되는 짧은 울타리는 차량과의 충돌을 53퍼센트 줄여 주었고, 더 긴 울타리는 80퍼센트 이상 줄여 주었다.

자연의 규칙을 따르자

차 타고 고속 도로를 달릴 때에는, 야생 동물을 위한 울타리와 생태 통로를 찾아보자. 전문가들은 2050년까지 총 2,500만 킬로미터의 포장도로가 지구상에 더 건설될 거라고 내다본다. 이 도로들은 생물 다양성이 풍부한 곳을 지날 것이다.

차창 밖을 내다보면서 얼마나 다양한 서식지를 만나는지 살펴보자. 여러분이 지나는 지역에 따라 초원, 숲, 사막, 호수나 바다처럼 많은 물이 모여 있는 곳, 해안가, 산기슭의 작은 언덕, 높은 산 같은 다양한 자연환경을 볼 수 있다. 또한 농장, 목초지, 텃밭, 잔디밭, 그리고 운하나 빗물 웅덩이, 농사에 필요한 물을 끌어 모아

▲ 등산로 덕분에 사람들은 자연을 즐길 수 있다. 그러나 도로와 마찬가지로 등산로도 식물을 줄어들게 만든다. 나라마다 토지나 삼림을 관리하는 기관을 두고 있는데, 이런 기관에서는 환경 영향 평가를 해서 자연에 끼치는 피해를 되도록 줄이는 방식으로 등산로를 설계하고 만들고 유지한다.

둔 관개지 같은 인공적인 지역도 만날 수 있다.

자연에 해를 끼치지 않는 습관을 들여 보자. 예를 들어, 여러분이 자연 지역을 지나고 있다면, 자연 그대로의 모습을 남겨 두어야 한다. 식물을 함부로 밟지 않도록 산책로에서 벗어나지 말자. 나무껍질을 벗기거나, 가지를 부러뜨리거나, 꽃을 따는 행동으로 식물에 해를 입히지 말자. 곤충이나 다른 생물을 보기 위해 바위나 통나무를 들어 올렸다면, 원래 자리에 도로 놓아두어서 동물들의 보금자리를 보전하자. 그리고 작은 목소리로 조용하게 말하자. 동물들에게 스트레스를 주거나 동물끼리 의사소통하는 것을 방해하지 않기 위해서이다. 침입종 식물의 씨앗을 퍼뜨리지 않도록, 한 장소에서 다른 장소로 옮겨 갈 때 신발에 묻은 진흙을 털어 내자. 쓰레기는 꼭 가져오고, 남이 버린 쓰레기도 함께 치우자.

위험한 곰 구경은 이제 그만!

세계에서 가장 위험한 도로를 조사하면 언제나 캐나다 브리티시컬럼비아주 남동부의 골든시와 레벨스토크시를 잇는 캐나다 횡단 고속도로의 한 구간이 순위 안에 꼽힌다. 이 구간은 구불구불한 산길로, 글레이셔 국립 공원을 통과한다. 이 공원 중심부에는 여행자들이 즐겨

찾는 로저스 패스 산 고개가 자리 잡고 있다. 그래서 이 도로에는 차가 항상 많이 다니고, 여러 종류의 야생 동물도 불쑥 나타난다. 여행자들이 동물을 구경하려고 차를 멈출 때마다 교통 문제는 더 심각해진다. 운전자가 곰을 구경하려고 도로에 멈춰 서거나 차들이 지나가기 힘든 곳에 주차를 해서 길이 막히는 것이다. 어떤 사람들은 차를 도로 위에 그대로 두고 곰을 보러 우르르 몰려다닌다. 이런 행동 때문에 사람들은 곰에게 습격을 받거나 차에 치일 위험에 놓인다. 사람의 목숨을 위협하는 이 도로는 동물들에게도 문제가 된다. 곰이 사람을 두려워하지 않게 되면서, 차량과 충돌하고 사람과 갈등을 빚을 가능성이 더 높아지기 때문이다.

3장

오염 물질을
퍼뜨리는 도로

우리는 도로를 통해 편리하게 이동하고, 물건을 실어 나른다. 하지만 안타깝게도, 우리가 도로를 이용하는 동안 온갖 오염 물질이 만들어지고, 그 물질들이 도로를 타고 여기저기로 퍼진다. 이 장에서는 도로 때문에 생기는 각종 오염 문제와 그 해결책을 알아보자.

오염 물질로 가득한 도로

세계 어디에서나 사람들은 대개 주요 도로, 공항, 철도와 같은 교통 시설 근처에서 살거나 일하거나 수업을 듣는다. 이런 교통 시설은 오염 물질을 내뿜는다. 오염 물질로는 일산화탄소, 질소 산화물, 벤젠, 미세 먼지가 있다. 미세 먼지는 공기 속에 떠다니는 흙, 먼지, 연기, 그을음 같은 고체나 액체 물질이다. 만약 여러분이 디젤 기관을 사용하는 자동차에서 뿜어내는 매캐한 가스 냄새를 맡았다면, 오염 물질을 들이마신 것이다.

비포장도로와 공사장도 달갑잖은 미세 먼지가 생겨나는 곳이다. 가장 작은 먼지 입자는 사람의 폐 속까지 들어간다. 미국 환경보호청은 주요 도로에서 뿜어져 나오는 가스가 사

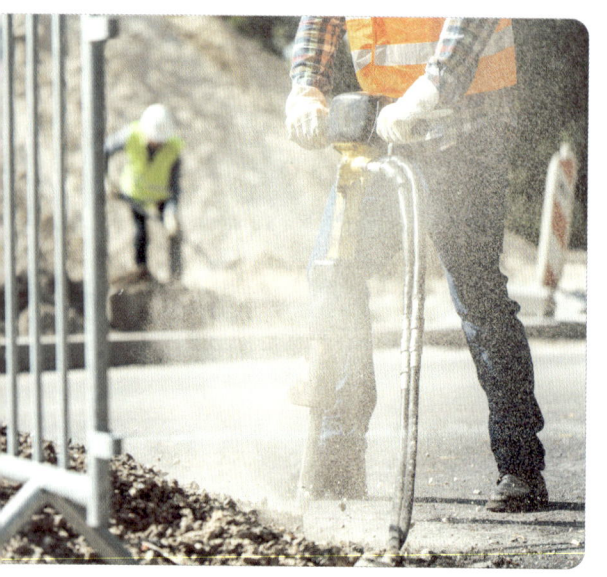

▲ 먼지를 비롯한 온갖 오염 물질을 뿜어내는 건설 현장. 이런 오염 물질은 동식물에게 해를 끼친다. 또한 생물이 살아가는 데 꼭 필요한 서식지와 먹이, 물을 줄어들게 만든다.

▲ 대기 오염의 큰 원인인 승용차. 차는 일산화탄소 같은 독성 물질을 도로 위로 내뿜는다. 독성 물질은 도로 근처 지역의 먹이 사슬로 스며들어 동물들이 먹이를 구하기 힘들게 하거나, 구하더라도 질이 좋지 않은 먹이를 먹게 만든다.

람들 건강에 미치는 영향을 조사했다. 특히 주요 도로 근처에서 오랜 시간을 보내는 사람들을 대상으로 살펴본 결과, 차에서 나오는 오염 물질이 천식, 기관지염을 비롯한 여러 질병을 일으킨다는 사실을 발견했다. 또한 미세 먼지는 산성비를 만들어 내는 원인이기도 하다. 산성비는 물고기가 살지 못할 정도로 물을 오염시킨다. 산성비는 식물의 생장에도 해롭지만 건축물도 망가뜨린다.

더 나아가 비포장도로의 먼지는 운전자의 시야를 가려서 운전을 방해한다. 먼지는 농작물 수확량을 줄이고 도로 관리 비용을 늘

정답은 '틀렸다'이다! 방법이 있긴 하다. 자동차 배기가스에 대한 법을 더 엄격하게 하는 것도 한 방법이다. 운전자에게 공회전을 줄여 달라고 요청하는 것도 좀 더 나은 환경을 만드는 데 도움이 된다. 공회전은 시동을 건 채 차가 멈춰 있는 상태로, 연료를 낭비하고 공기를 오염시킨다. 패스트푸드 음식점에서 운전자가 차에 탄 채로 음식을 주문할 수 있는 드라이브스루 서비스를 이용하는 대신, 주차를 하고 매장 안으로 들어가도록 하자. 등하굣길에 부모님의 차를 탄다면, 학교 근처에서 공회전을 하지 말아 달라고 부탁해 보자. 디젤 차량에서 나오는 매연은 모두에게 좋지 않지만, 특히 어린이에게 더 해롭다. 어린이가 어른보다 키가 작고 호흡이 빨라서 매연을 더 많이 들이마시기 때문이다.

린다. 사람들은 먼지를 가라앉히기 위해 화학 물질을 도로에 뿌리기도 한다. 하지만 이 방법은 오염된 물이 생기게 하고, 그 물이 도로 옆으로 흘러들어 주변에서 자라는 풀과 나무를 해치고 근처 개천이나 배수로도 오염시킨다.

물을 더럽히는 도로의 오염 물질

호스로 물을 뿌리면 물줄기가 땅속으로 스며들거나 흘러 나가는 모습을 볼 수 있다. 사람이 흘려 내보냈든 자연적으로 생겼든 물은 포장도로처럼 딱딱한 표면과 땅 위로 흐르다가 마침내 하천, 강, 바다에 다다른다. 이렇게 흘러나온 물로 식물은 필요한 물을 공급받고, 지하 저수지는 다시 채워진다. 다만 도로 위로 흘렀던 물에는 도로 표면의 오염 물질이 섞이게 된다. 이 오염 물질은 도로의 얼음을 녹이는 소금, 잡초를 없애는 제초제, 자동차 브레이크 패드에서 나오는 독성 먼지, 도로 건설 자재, 그 밖의 다른 물질에서 생긴다. 도로에서 흘러나온 물속 오염 물질은 사람과 동물이 이용하는 땅과 물 속으로 퍼진다.

땅에서 바다로 흘러드는 미세 플라스틱은 주로 도로와 차량에서 나온다. 그 가운데 타이어 입자가 가장 큰 비중을 차지하고, 그다음이 차선과 도로 표시선에서 떨어져 나온 페인트 입자이다. 몇몇 자료에 따르면, 해마다 타이어 고무 600만 톤이 자연 환경으로 흘러 들어간다고 한다. 타이어는 주로 합성 고무로 만들어지는데, 이 합성 고무는 가공되지 않은 석유에서 얻은 물질이다. 여기에 금속과 다른 화학 물질도 원료로 들어간다. 타이어 입자에는 이런 물질이 섞여 있는데, 독성이 있어서 민물과 바다에 사는 생물들에게 해롭다. 한 공학 논문에 따르면, 캐나다 브리티시컬럼비아주의 오카나간 지역에서는 해마다 타이어와 도로에서 나온 50톤 이상의 입자들이 주변 수로로

▲ 도로에서 흘러나온 물속 오염 물질 때문에 물고기를 비롯한 여러 생물이 죽는다. 오염 물질이 수로에 들어가지 않도록 막는 방법으로, 도로변에 웅덩이를 만들고 그곳에 중금속 등을 흡수하는 식물을 심어서 오염 물질을 걸러 내는 것이 있다.

얼음 도로가 너무해!

바다나 강, 호수가 얼어붙으면 그 위로 자동차가 다니는 길을 마련하기 위해 '얼음 도로'를 놓기도 한다. 얼음 도로는 외딴 지역을 잇는 지름길이 되어서 석유, 가스를 비롯한 광산 자원을 실어 나르는 데 큰 도움이 된다. 하지만 얼음 도로를 만드는

데에는 엄청난 양의 물과 얼음이 필요하다. 얼음 도로를 만드느라 물과 얼음을 강이나 호수에서 퍼내면 물고기를 비롯한 물속 생물이 살아가기 어렵다. 얼음 도로 위를 지나는 차량에서 연료나 해로운 물질이 흘러나와 환경을 오염시킬 위험도 있다.

흘러든다고 한다. 사람들이 호수 주변을 운전해서 지나가기만 해도, 그 지역의 물속 서식지를 오염시키는 셈이다.

너무 시끄럽고 너무 환하다

도로 오염은 도로 경계를 넘어서 '도로 영향권'에까지 퍼진다. 도로 영향권은 도로가 주변 자연환경에 영향을 미치는 범위로, 도로 양옆으로 수백 미터까지 뻗어 나갈 수도 있다. 도로 영향권의 소음과 빛 공해는 우리가 생각하지도 못한 문제를 일으킨다.

예를 들어, 길에서 사나운 개가 다가오고 있다고 치자. 여러분이

▲밤에도 환하고 시끄러운 도로. 동물에 따라 도로의 소음과 조명으로부터 영향을 받는 범위가 다르다. 연구자들에 따르면, 박쥐와 몇몇 조류는 그 범위가 넓게는 1킬로미터에 이른다고 한다. 하지만 몇몇 포유동물은 그 범위가 5킬로미터까지로 늘어난다.

친구에게 위험하다고 소리치지만, 그 외침이 도로 위를 달리는 트럭의 시끄러운 소리에 묻히고 만다면 큰일이지 않을까? 도로 근처에 사는 새, 개구리, 그 밖의 다른 야생 동물도 서로의 소리를 알아들을 수 있어야 한다. 새는 위험을 알리거나, 짝짓기 상대를 찾거나, 자기 영역을 알릴 때 소리를 낸다. 모든 종류의 동물이 도로 소음을 이겨 내려고 제 울음소리를 바꿀 수 있는 것은 아니다. 소음에 적응하지 못한 동물들은 더 조용한 서식지를 찾아야만 한다. 결국 도로 근처에는 시끄러운 환경을 견딜 수 있는 동물만 남게 된다.

가로등과 자동차 헤드라이트도 도로 주변 생태계에 좋지 않은 영향을 끼친다. 야행성 동물은 어둠 속에서 활동하는 것에 적응되어 있다. 그런데 밤에 조명이 비치면 야행성 동물이 먹이를 찾고 천적을 피하기가 어려워진다. 반대로, 낮에 활발하게 활동하는 동물들은 밤에 잠을 자야 하고 천적으로부터 몸을 숨겨야 한다. 그래서 이런 동물들에게는 밤의 어둠이 꼭 필요하다. 어떤 종류의 새는 인공 조명을 쫓아서 날아드는 반면, 또 다른 종류의 새는 인공 조명을 피해 날아간다. 이 두 가지 반응 모두 새들에게 해롭다. 조명이 새들의 자연스러운 행동을 흩트려 놓기 때문이다.

조명 때문에 새들은 먹이를 찾고 알을 낳아 새끼를 보살피는 데 써야 할 에너지를 낭비하게 된다. 또한 야생 동물들이 도로 영향권에서 조명과 소음을 맞닥뜨리면, 생태 통로를 선뜻 이용하기 힘들어질 수 있다.

생태 통로는 엉뚱해?

생태 통로가 세계에서 가장 많은 곳은 캐나다 밴프 국립 공원이다. 이 공원에 사는 수많은 야생 동물은 산골짜기에 살거나 골짜기 사이를 이동하며 살아간다. 그런데 안타깝게도 야생 동

안전한 길이 필요해!

가축을 키우는 지역에 가게 되면 도로 아래 나 있는 터널을 잘 살펴보자. 이런 터널형 생태 통로는 소들이 도로 건너편 목초지에서도 풀을 뜯을 수 있게 해 준다. 소가 다닐 만한 터널형 생태 통로가 있으면 농부들이 소 떼를 모는 데 힘이 덜 들고, 도로 양쪽 목초지를 모두 이용할 수 있어서 사료 비용을 줄일 수 있다. 이런 가축용 생태 통로는 사람이 주로 이용하는 도로와 차량 근처에 가축 배설물이 쌓이지 않게 한다. 또한 가축을 키우면서 생기는 배설물과 쓰레기가 도로변 흙과 수로로 흘러 들어가지 않게 한다.

뉴질랜드의 와이카토 지역에서는 운전자들이 도로 위에 널린 가축 배설물과 그 냄새 때문에 골머리를 앓았다. 지역 자치 의회는 농부들에게 터널형 생태 통로를 만들라고 권했다. 농부들은 의회로부터 지원을 받아 생태 통로를 설치함으로써 운전자들이 겪는 문제를 해결했다.

▲ 도로는 숲 사이에 나무가 없는 빈틈을 만든다. 하늘다람쥐 같은 동물은 주로 나무에서 나무로 건너뛰면서 이동하는데, 틈이 나 있으면 그렇게 할 수가 없다. 그래서 사람들이 이런 동물이 이동할 수 있도록 도로 양쪽과 중앙 분리대 위에 기다란 기둥을 세우기도 한다. 하늘다람쥐는 대개 30~40미터까지 건너뛸 수 있다.

물들이 주로 활동하는 지역은 공원에서 맨 처음 도로가 만들어진 곳이다. 야생 동물의 안전 문제를 해결하기 위해 생태 통로와 울타리를 설치하자는 의견이 나왔다. 처음에는 그 의견을 엉뚱하게 여기는 사람들이 많았다. 동물들이 정말 그 통로를 이용할지 의심하는 사람도 있고, 늑대가 먹잇감을 울타리 쪽으로 몰고 가서 관광객들이 보는 앞에서 죽일 거라고 걱정하는 사람도 있었다.

캐나다 국립 공원청은 환경 영향 평가를 하고 나서 생태 통로를 만들기로 했다. 토니 클레빈저는 17년 동안 공원의 여러 생태 통로를 연구한 야생 동물 연구 과학자이다. 클레빈저와 동료들은 동물 발자국을 추적한 뒤에 동작 감지 카메라를 설치했다. 그리고 철조망에 붙은 털 표본을 수집했다. 그 표본으로 유전자 검사를 한 결과, 얼마나 많은 곰이 생태 통로를 드나들었는지 알게 되었다. 또한 생태 통로 덕분에 서로 다른 지역에 사는 집단들 사이에서 번식이 이루어져 유전자 다양성이 높아졌다는 것도 알게 되었다.

클레빈저와 동료들의 연구로 몸집이 큰 야생 동물 11종이 15만 회 이상 생태 통로로 드나들었다는 사실이 밝혀졌다. 생태 통로 덕분에 큰 동물들이 도로에서 차에 치여 죽는 일이 80~90퍼센트나 줄어들었다는 사실도 알아냈다. 클레빈저의 연구 자료와 다른 도로생태학 연구 논문들은 생태 통로가 효과 있다는 사실을 증명하는 데 도움을 주었다. 오늘날 전 세계 여러 나라는 밴프 국립 공원의 육교형과 터널형 생태 통로를 참고해, 도로로 가로막힌 동물 서식지를 서로 잇고 차에 치여 죽는 동물의 수를 줄이는 방법을 찾고 있다.

새들에게도 도로는 높은 벽이다

만약 외계인이 다가와 새가 무엇인지 묻는다면, 여러분은 가장 또렷한 새의 특징을 알려 줄 것이다. 새는 날아다닌다고! 타조나 펭귄같이 날지 못하는 새들 말고는, 대부분의 새들이 날 수 있으니까 고속 도로가 있어도 건너편 서식지로 건너갈 수 있을 거라고 생각하기 쉽다. 하지만 몇몇 날아다니는 새들에게도 도로는 높은 벽과 같다. 예를 들면 렌티트 같은 작은 박새에게 그렇다. 렌티트는 미국 서부 해안의 캘리포니아주와 오리건주에 서식하는 새로, 날개가 짧아 한 번에 멀리 날지 못해 넓은 고속 도로를 건너기가 어렵다. 미국 캘리포니아주의 101번 고속 도로 양쪽 지역의 유전자 다양성을 연구한 자료에 따르면, 렌티트 무리는 건너편 서식지로 건너가지 않는다고 한다. 다른 동물들의 경우에서처럼, 서식지가 나뉘면 새들은 짝짓기 상대를 찾기 힘들고 유전자 다양성을 유지하는 일도 어렵다. 기후 변화로 렌티트 무리가 살아가는 데 필요한 녹지가 줄어들고, 도로 때문에 새로운 터전을 찾으러 갈 수도 없게 된다면 렌티트는 점점 줄어들 것이다.

하지만 다행히 사람들이 새로 만들고 있는 육교형 생태 통로 덕

차를 멈추기보다 속도 줄이기가 중요!

캐나다기러기는 도로에 자주 나타난다. 때로는 날지 못하는 새끼들이 뒤따라오기도 한다. 오리도 새끼들을 둥지에서 물가로 데리고 갈 때 도로를 건넌다. 청둥오리는 2~3킬로미터나 되는 거리를 걸어서 이동할 수 있다! 운전자는 먼저 자신의 안전과 주변 운전자들의 안전을 생각해야 한다. 동물을 피하겠다고 갑자기 방향을 틀거나, 멈추거나, 차에서 내려 도로 위로 나가면 안 된다. 운전자로서 도로를 가로지르는 새들을 도울 수 있는 가장 좋은 방법은 새가 나타났을 때 속도를 줄이는 것이다. 기러기들이 차가 멈춰 주는 것에 익숙해지면, 운전자가 차를 멈추려 하지 않거나 멈출 수도 없는 혼잡한 도로를 건널 때 차에 치일 위험이 높아진다.

▲ 미국 캘리포니아주 로스앤젤레스에서 발견된 'P-22'라는 이름의 수컷 퓨마. 이 퓨마는 고속 도로에 갇혀 13제곱킬로미터밖에 안 되는 땅에서 살아가고 있었다. 그 땅은 퓨마가 살기에 너무 좁았다. 할리우드 스타들을 비롯한 근처 주민들은 퓨마와 다른 동물이 더 넓은 서식지로 이동할 수 있게 돕고 싶었다. 그래서 기부금을 모았고, 여기에 월리스 아넨버그 재단의 지원금이 보태져, '월리스 아넨버그 생태 통로' 건설 사업이 시작되었다.

분에 렌티트 무리는 도로 건너편에서 새로운 서식지를 찾을 수 있을 것이다. 이 통로의 이름은 '월리스 아넨버그 생태 통로'인데, 길이 64미터, 너비 53미터로 아마도 세계에서 가장 큰 생태 통로가 될 것이다. 버스가 세로로 6대, 가로로 20대가 서 있는 모습을 그려 보면 그 크기를 짐작할 수 있다. 이 육교형 생태 통로 위에는 렌티트가 먹고사는 풀들도 심겨서 렌티트의 서식지가 쭉 이어지도록 만들어 줄 것이다. 이 통로는 다른 새들에게도 도움이 된다. 통로가 있으면 새들이 차량과 부딪치지 않고 날아서, 또는 걸어서 도로를 건널 수 있기 때문이다.

새들이 도로로 내려오지 않게 하려면

도로를 오가는 차량들 때문에 해마다 수백만 마리의 새가 죽는다. 이 가운데 원숭이올빼미는 미국, 캐나다, 유럽의 주요 도로에서 가장 큰 위험에 놓인 새들 중 하나다. 왜냐하면 원숭이올빼미가 도로 가장자리 서식지에서 사냥을 하기 때문이다. 조류학자들은 미국 아이다호주 고속 도로의 한 구간에서만 해마다 어림잡아

▲ 얼굴이 위성 방송 수신 안테나처럼 생긴 원숭이올빼미. 이 둥글넓적한 얼굴은 소리를 모아 귀 쪽으로 보낸다. 세계 곳곳에서 발견된 원숭이올빼미는 46종류가 있는데, 주로 겨울이 따뜻한 지역에 산다.

1,500마리 이상의 원숭이올빼미가 죽는다고 한다. 그 구간은 전 세계에서 원숭이올빼미가 가장 많이 차에 치여서 죽는 곳이다. 원숭이올빼미들이 위험에 빠지는 이유 중 하나는 날아다니면서 먹잇감을 찾기 때문이다. 원숭이올빼미는 밤에 사냥을 한다. 사방이 탁 트인 땅에서 고작 몇십 미터 위를 날며 쥐, 토끼 같은 작은 동물들의 소리를 잡아내기 위해 귀 기울인다. 원숭이올빼미는 먹잇감의 소리가 들리면 그곳이 트럭이나 다른 차량이 달리는 길일지라도 아랑곳하지 않고 갑자기 내려간다. 위험한 물체가 빠르게 다가오는 줄도 모른 채 말이다. 특히 어린 원숭이올빼미들은

▲차를 타고 가다가 엘크를 발견해 사진 찍는 아이. 엘크는 엉덩이가 밝은 베이지색이고 목과 다리는 더 어두운색이다. 무리 지어 살며, 새싹이 날 때 여름 서식지로 이동하고 첫눈이 내릴 때 겨울 서식지로 이동한다. 도로에 엘크 무리가 나타나면 차량 흐름이 완전히 막힌다.

둥지를 떠나 새로운 곳으로 이동하는 시기에 차에 치일 가능성이 높다.

하늘을 나는 새들이 자동차와 부딪치지 않게 하는 방법을 생각해 내는 일은 쉽지 않다. 연구자들은 원숭이올빼미를 돕는 방법을 찾아냈는데, 바로 원숭이올빼미가 차량보다 높게 날 수밖에 없도록 만드는 것이다. 그렇게 하려면 원숭이올빼미가 이용하는 혼잡한 도로를 따라서 나무를 촘촘하게 심어서 가림막을 만들면 된다. 또 다른 해결책은 도로 가장자리 서식지에 키 큰 덤불이 자라게 하는 것이다. 그러면 원숭이올빼미들은 덤불을 비집고 들어가 사냥할 수 없어 도로 주변을 떠나게 된다.

먼저 발견하면 사고를 미리 막을 수 있다

야생 동물이 도로에 발을 들여놓기 전에 운전자가 그 동물을 먼저 발견한다면 충돌을 막을 수 있다. 동물을 잘 찾으려면 어떻게 해야 할까? 자연이 이루는 무늬가 달라지는 곳을 찾아보면 된다. 숲에서 나무는 위아래로 뻗은 선을 만든다. 반면 사슴 같은 동물들의 등은 좌우로 움직이는 선으로 나타난다. 동물들은 나무 패턴을 끊는 효과를 낸다. 그러면 숲을 배경으로 조금이나마 동물들이 도드라져 보인다.

도로변 서식지를 다양한 높이에서 훑어보는 연습도 필요하다. 여우와 코요테는 무스보다 키가 작다. 토끼와 스컹크는 땅에 훨씬 더 가까이 있다. 동물을 찾을 때 색깔도 단서가 된다. 어두운색의 불곰은 눈 덮인 풍경을 지날 때 눈에 잘 띈다. 흰색 돌산양은 어두운색의 바위나 땅에서 쉽게 눈에 띈다.

갈매기, 까마귀, 독수리 같은 청소동물이 하늘을 날아다니는지 살펴보자. 도로 가까운 곳에서 이 동물들이 원을 그리며 돌고 있는 모습이 보인다면, 무엇 때문에 그러는지 확인해 보

▲ 새들은 냄새를 잘 맡지 못한다고 여겨지지만, 터키콘도르는 다르다. 이 새는 수백 미터 떨어진 곳에서도 썩은 고기 냄새를 맡을 수 있다. 터키콘도르는 차에 치여 죽은 동물을 먹는다. 이런 청소동물 덕분에 사람들이 도로를 치우는 데 드는 비용을 줄일 수 있다.

자. 저 앞의 도로에 죽은 동물이 있지 않을까? 또한 도랑 속에 코요테가 있다면 차에 치인 사슴이나 다른 동물을 먹고 있을 가능성이 높다. 이런 곳에서는 속도를 줄이는 게 좋다.

앞으로 장거리 자동차 여행을 할 때에는, 마주칠 수 있는 동물들을 미리 조사하고 그 동물의 습관에 대해 알아 두자. 특히 그 동물들이 해 질 녘이나 새벽, 한낮, 밤중 가운데 언제 활동을 하는지 알아보자. 동물의 행동 방식을 이해하면 자연환경에서 그 동물을 더 쉽게 찾아낼 수 있다.

모두에게 안전한 길 만들기

인간이 사용하는 도로와 차량 때문에 수많은 야생 동물이 목숨을 잃는다. 또한 갖가지 오염 물질이 널리 퍼지면서 자연환경이 빠르게 훼손되고 있다. 하지만 우리 한 사람 한 사람이 나서서 힘을 모은다면 인간과 환경, 생물 모두에게 안전한 도로를 만들 수 있을 것이다. 이 장에서 그 구체적인 방법을 살펴보자.

도로를 걷어 내고 강을 드러내자

맨홀 뚜껑을 밟고 지나갈 때 물이 세차게 흐르는 소리가 들린다면 여러분은 땅속 수로 위를 지나는 것이다. 수로를 땅속에 감추면 더러운 하수, 산업 폐기물 같은 오염 물질의 모습과 냄새를 숨길 수 있다. 미국 뉴욕, 워싱턴 디시, 로스앤젤레스, 캐나다 토론토, 영국 런던, 싱가포르를 비롯한 전 세계 여러 도시의 중심부에는 도로와 건물, 여러 시설물 아래로 수로가 숨겨져 있다. 일본 도쿄에서는, 세계에서 가장 붐비는 시부야 교차로 아래로 우다강과 온덴강이 흐른다.

지구상 거의 모든 강들은 예전과 다르게 바뀌었다. 사람들은 도시 밖으로 쓰레기나 더러운 물을 내보내기 위해 물

▲ 비와 녹은 눈을 가까운 개울, 강, 습지, 호수로 보내 주는 빗물받이. 기름, 휘발유, 부동액, 쓰레기, 반려동물 배설물, 살충제, 비료 같은 온갖 오염 물질도 빗물받이를 통해 자연환경으로 들어간다.

▲ 100년 만에 모습을 드러낸 캐나다 브리티시컬럼비아주 밴쿠버에 있는 렌프루 개울. 이곳은 한때 주차장으로 덮여 있었지만 이제 공원으로 바뀌었다. 다시 밖으로 드러난 개울은 빗물을 걸러 주고 나비, 새, 양서류가 살 수 있는 서식지가 되었다.

의 흐름을 바꿔 왔다. 산업, 농업, 일상생활에 쓰이는 물을 끌어오기 위해서도 물의 흐름을 바꿨다. 하수도나 배수로 위에는 도로, 주차장, 건물이 세워지기도 한다. 이렇게 하는 가장 큰 이유는 사용할 수 있는 토지를 늘리고 좁은 지역에서 일어나는 홍수를 미리 막기 위해서이다. 하지만 흙, 풀, 나무를 없애고 아스팔트 혼합물이나 콘크리트로 평평하게 도로를 포장하면, 물이 자연스럽게 흐를 수 없다. 강둑과는 달리 콘크리트 구조물은 물을 흡수하지 못하기 때문이다. 강을 본디 모습으로 되돌리면, 강은 지역 사람들에게 깨끗한 물을 제공하고 다양한 동식물이 잘 살아갈 수 있게 할 것이다.

기후 변화로 엄청난 비와 눈이 내리면서 홍수가 더 자주 일어난

다. 물이 도로 높이를 넘을 정도로 차오르기도 한다. 그러면 지하
철이나 지하실 같은 땅속 시설은 물에 잠기기 쉽다. 몇몇 도시에
서는 도로 아래에 수로를 묻은 것이 문제라고 여기고 해결 방법
을 내놓고 있다. 그 가운데 하나는 수로 위 포장도로나 건물을 걷
어 내고, 지하에 묻힌 수로가 햇빛에 드러나게 해서 원래대로 자
연스럽게 흐르게 해 주는 것이다. 이런 작업을 '하천 복원'이라고
부른다.

▲ 청계천 주변은 한때 보기 흉했고, 물은 오염 물
질로 가득했다. 서울시는 1950년대에 청계천 위에
도로를 놓았고, 1970년대에는 그 위에 고가 도로를
세웠다. 2005년에 청계천 복원 사업이 마무리되자
공기 질이 좋아지고 주변 기온이 낮아지면서 곤충,
새, 물고기를 다시 볼 수 있게 되었다.

자연을 살리는 공학 기술, 하천 복원

땅속에 묻힌 수로가 다시 모습을 드
러내기를 바라는 사람들이 세계 곳곳
에서 점점 많아지고 있다. 하천을 땅
위로 드러내면, 수질이 좋아지고 자
연스런 물 흐름을 되살리며, 물속 생
물과 강가 생물의 서식지를 회복시킬
수 있다. 또한 빗물이 흐르면서 생기
는 오염을 줄일 수도 있다.

게다가 경제적 이점도 있다. 하천을
드러내면 폐수 처리 비용을 줄일 수
있다. 포장도로를 걷어 내면 갑작스
러운 홍수를 막을 수 있고, 수로가 기

후 변화에 따른 영향을 더 잘 견디게 해 준다. 부동산 투자자들은 풀이나 나무가 우거진 녹지 근처의 땅이나 집의 가치를 잘 안다. 사람들은 삭막한 주차장 옆보다는 물이 있는 자연 풍경 근처에 집을 짓고 싶어 한다. 자연 서식지를 되살리는 일은 사람들에게 공원이나 산책로, 그 밖의 다른 야외 활동 공간도 제공한다.

하천 복원을 시작하기 전에, 설계자들은 이 일이 환경에 어떤 영향을 미칠지 살펴본다. 이 작업으로 쏟아져 나올 오염 물질 가득한 흙이나 퇴적물이 환경에 미칠 해로운 영향을 줄이는 방법도 찾는다. 서울에서는 고가 도로 아래를 흐르던 청계천의 일부 구

안전한 길이 필요해!

인도에서는 아시아코끼리가 기차 철도를 건너다닌다. 철도가 코끼리들의 영역을 지나기 때문이다. 하지만 안타깝게도, 철길 옆이 좁고 가파르기 때문에 기차가 다가올 때 코끼리들이 피하기 힘들다. 북아메리카의 불곰 역시 철도를 이동 통로로 사용하다가 다치거나 죽기도 한다. 곰이 철도에 이끌리는 데에는 이유가 있다. 철도를 이용하면 이동이 쉽고, 화물 열차에서 흘러나온 곡물이나 기차에 치여 죽은 사슴 같은 먹이를 얻을 수 있기 때문이다. 세계 곳곳에서 야생 동물이 기차와 부딪치는 사고를 줄일 방법을 찾고 있다. 열차 속도를 제한하거나 경고등과 경고음을 쓰기도 한다. 심지어 개 짖는 소리와 사슴이 코를 킁킁거리며 위험을 알리는 소리를 녹음해 스피커로 내보내기도 한다.

간을 복원한 것이 큰 성공을 거두었다. 이 일로 홍수 때 물을 흘려보낼 수 있는 수로가 생겼고, 녹지 공간이 더해져서 인기 있는 관광 명소로 거듭났다.

운전자와 야생 동물을 보호하는 스마트 교통

지금까지는 도로 건설을 계획할 때 어떻게 하면 빠르고 효율적으로 만들 수 있는지가 중요했다. 환경 영향 평가를 해도 야생 동물과 서식지에 관한 문제보다는 건설 비용이 결정에 더 큰 영향을 끼쳤다. 그러나 제대로 도로를 건설하려면 교통로가 주변 환경을 오염시키지 않도록 하는 것을 확실한 목표로 삼아야 한다.

도로를 만들고 관리하는 계획을 세울 때에는, 그 계획이 동식물의 다양성, 기후, 그리고 지구의 한정적인 천연자원에 어떤 영향을 미치는지를 함께 생각해야 한다. 전문가들은 미래에 여러 가지 새로운 차도 기술이 생길 것으로 내다본다. 그 가운데 몇몇은 환경에 이로운 기술일 것이다.

'스마트 교통'은 센서를 비롯한 여러 기술을 활용해 교통을 관리하고 도로를 더 안전하게 하는 첨단 교통 시스

▲ 미래의 스마트 도로는 인공 지능을 활용하여 운전자에게 안전 정보를 보낸다. 이 정보는 차선 위치와 속도 같은 내용을 담고 있고, 충돌 사고가 일어나더라도 같은 사고가 되풀이되지 않도록 만드는 데 도움을 줄 수 있다.

템이다. 전문가들은 차량에 메시지를 보낼 수 있는 스마트 무선 교통 표지판을 연구하고 있다. 특히 시야가 어둡거나 안개가 끼거나 폭풍우가 몰아치는 날씨에, 이런 장치가 있다면 운전자가 야생 동물 횡단 경고 표지판을 놓치는 일은 없을 것이다. 지능형 고속 도로 시스템이 만들어지면 교통 상황, 도로에 나타난 야생 동물 등의 정보를 운전자에게 보내 줄 수 있다. 이처럼 새로운 첨단 기술이 적용된 스마트 도로에서는 차들이 교통사고가 일어났거나 차가 막히는 곳을 피해 갈 수 있도록 안내 받기 때문에 교통 혼잡이 줄어든다. 이렇게 되면 이동 시간이 짧아져 자동차 배기가스 때문에 생기는 공기 오염도 줄어든다. 디지털 기술 덕분에 운전자와 야생 동물 양쪽 모두가 혜택을 보게 되는 셈이다.

소리 나는 도로

'노면 요철 포장'은 도로 위에 간격을 두고 홈을 파서 만든다. 운전자가 도로 가장자리에 너무 가까워지거나 위험한 교차로에 다가가면 노면 요철 포장 부분에서 소리가 나서 운전자에게 주의를 준다. 전 세계 약 12개 나라에서 차 바퀴가 요철 포장된 부분을 지나갈 때 독특한 소리가 나도록 만들어 두었다. 노면 요철 포장도로는 운전자가 졸지 않고 운전에 집중할 수 있도록 도와주고, 교통 안전을 높인다. 몇몇 요철 포장도로에서는 차량 속도가 빨라질수록 소리가 커진다. 그래서 운전자는 속도를 줄여야겠다고 생각하게 된다. 노면 요철 포장도로가 있는 나라로 한국, 일본, 타이완, 덴마크, 네덜란드, 미국 등이 있다.

시민 과학자가 되자

시민 과학은 시민들이 스스로 나서서 과학 연구를 돕는 활동을 말한다. 누구나 참여할 수 있으며, 도로생태학자에게 도움이 되는 정보를 모으는 방법은 매우 많다. 그 가운데 하나는 로드킬 신고 앱을 내려받아, 도로에서 다쳤거나 죽은 동물들을 신고하는 것이다. 이 앱은 지피에스 기술을 이용해 다쳤거나 죽은 동물이 있는 곳을 표시하기 때문에, 로드킬 처리반이 찾아가서 빠르게 처리하도록 돕는다. 그리고 연구원

▼ 미국 와이오밍주에서는 해마다 약 6,000마리의 큰 동물이 도로에서 죽는데, 이 가운데 약 85퍼센트가 노새사슴이다. 노새사슴의 수는 해마다 4퍼센트씩 줄고 있다. 로드킬 앱으로 모은 데이터는 공무원들이 어디에 야생 동물 주의 표지판을 세우면 좋을지 판단하는 데 도움이 된다.

들은 이렇게 수집된 위치 데이터를 활용해 충돌이 자주 일어나는 곳과 동물 이동 경로를 알아낸다.

로드킬 앱을 이용하면 생태 통로를 어디에 만들면 가장 좋은지 알 수 있다. 그리고 동물의 행동이나 종들의 분포, 그 밖의 다른 변화에 대한 더 많은 정보를 얻을 수 있다. 벨기에에서는 앱 데이터를 연구한 결과, 로드킬이 줄어든 것으로 나타났다. 하지만 데이터 분석가들은 이런 결과가 생태 통로가 효과 있기 때문인지, 아니면 차량에 치이기 쉬운 동물의 수가 감소하고 있기 때문에 나타난 것인지는 정확히 알 수 없다고 한다.

몇몇 곳에서는 여행자들이 차에 치인 동물을 싣고 가서 먹는 용도로 보관하는 걸 허용한다. 미국에서는 도로에서 차에 치여 죽은 동물을 가져갈 수 없다. 만약 죽은 동물을 가져가고 싶다면 먼저 당국에 허락을 받아야 한다. 몇몇 로드킬 앱에서는 죽은 동물을 가져가도 좋은지 허가를 요청할 수 있다. 시민 과학은 사람들에게 로드킬 문제를 알리고, 운전자들이 사고 위험이 높은 도로에서 속도를 줄이게 하는 데 도움이 된다.

물고기에게는 물고기에 맞는 통로를!

고속 도로를 타고 가다 보면 도로 한쪽을 따라 흐르던 개울이 어느 순간 건너편 창문 너머로 보일 때가 있다. 사람들은 도로 아래에 물이 흐른다는 사실을 모른 채 지나치기 쉽다. 물은 도로 아래 배수로로 흐르기 때문에 보이지 않는다. 지하 배수로는 물고기

▲ 슈험 크릭 배수로의 예전 모습(위)과 고친 모습
(아래). 물고기는 먹이를 얻고, 이동하고, 번식하기
위해 잘 이어지는 물길과 좋은 서식지가 필요하다.
위아래 사진을 비교해 보면, 효과적인 물고기 통로
를 만들기 위해 공학 기술이 어떻게 이용되는지 잘
알 수 있다.

가 헤엄치기에 늘 알맞은 것은 아니
다. 물이 너무 얕거나 물살이 너무 빠
를 수 있으며, 심지어 지하 배수로에
서 나온 물이 곧장 절벽 밑으로 쏟아
져 내릴 수도 있다.

물고기는 일생의 한 시기를 장거리
이동을 하면서 보낸다. 이동하면서
먹이와 숨을 곳을 찾고, 천적을 피하
고, 자기 영역을 지키고, 알을 낳고
새끼를 키울 곳에 이르러야 한다. 태
평양연어는 이동을 막는 장애물 때문
에 고통받는다. 알을 낳는 곳까지 가
지 못한 연어들은 번식하기 전에 죽
는다.

캐나다 야생 동물 협회의 보고에 따
르면, 브리티시컬럼비아주에서는 여
러 개의 도로가 물고기 서식지가 있
는 약 17만 개의 개울을 가로지르고
있다. 이 가운데 약 9만 2,000개의 개
울에 골칫거리 지하 배수로가 설치되
어 있다. 한 예로, '크로스 크릭'이라
는 개울에서는 지하 배수로가 내려앉

아 물길이 막혔다. 그래서 바다로 나가지 않고 강에서만 사는 홍연어가 알 낳는 곳까지 갈 수 없게 되었다. 사람들은 이 문제를 해결하려고 지하 배수로 대신에 흙으로 아치 모양의 구조물을 만들었다. 물고기가 원래대로 개울 바닥을 따라 거슬러 올라올 수 있도록 하기 위해서였다.

'슈험 크릭'이라는 개울의 지하 배수로도 물고기들의 이동을 힘들게 했다. 녹슨 금속판에 뚫린 작은 구멍에 물고기들이 걸릴 위험이 있었다. 2021년, 물고기가 잘 지나갈 수 있도록 바닥이 뚫린 아치형 구조물을 새로 만들었다. 개울 양쪽에는 돌투성이 바닥이 있어서 양서류와 작은 포유동물도 안전하게 지나갈 수 있다.

다양한 분야의 전문가가 필요하다

거미줄처럼 이어진 도로 덕분에 우리는 일상생활을 꾸려 나갈 수 있다. 걷든지, 차를 타든지, 또는 배달을 기다리든지 간에 도로는 우리의 현재와 미래에 없어서는 안 될 요소이다. 도로는 앞으로도 없어지지 않을 것이며, 도로 때문에 벌어지는 수많은 문제를 풀어 나가려면 더 많은 지식이 필요하다. 다행히 이미 여러 도로 전문가들이 도로와 관련된 문제를 풀어 나가고 있다.

도로생태학자들은 머릿속에 큰 그림을 세우고 있다. 도로, 교통, 주변 환경이 서로 영향을 주고받으면 어떤 문제를 일으킬지 검토한다. 그리고 생물학자, 공학자, 조경사를 비롯한 여러 분야의 전문가들과 함께 해결 방법을 찾는다. 생물학자는 자연 속에서 살

▲ 생태 통로 건설 현장. 생태 통로를 만들 때 기온이 얼마나 오르는지, 비 오는 유형이 어떻게 바뀌는지, 이상 기후가 얼마나 자주 일어나는지 알아야 한다. 기후 변화로 동물의 서식지가 달라지기도 한다. 이때 생태 통로는 동물들이 변화에 적응하여 잘 이동할 수 있도록 도울 수 있다.

아가는 생물을 이해하기 위해 연구한다. 이들은 자연을 보호하고 환경을 지속 가능하게 지키는 방법을 내놓는다. 공학자는 사람들이 경제 활동을 하는 데 필요한 시설에서 생기는 문제를 해결할 방법을 찾아낸다. 토목 기술자는 도로와 생태 통로를 설계하는 데 중요한 역할을 한다. 환경 공학 기술자는 과학 지식을 바탕으로 문제 해결 방법을 연구한다. 이들은 지역 개발, 오염 방지, 홍수

분석, 오염된 장소 정리와 같은 활동에 참여한다. 조경 설계사는 생태 복원, 빗물 관리, 땅을 어떻게 사용할지 계획하는 일에 전문 지식을 활용한다. 도시 계획가는 도시의 환경 보존과 교통, 그리고 한 도시에서 앞으로 긴 기간 이어질 계획에 대한 정책을 내놓는다. 이런 전문가들은 환경 영향 평가를 받게 하거나 이를 도와서 도로가 환경에 미치는 영향을 줄인다. 여러분이 자라서 이런 전문가 중 한 사람이 되어도 좋을 것이다!

도로변 서식지를 되살리자

도로 옆 공간은 야생 동물에게 도움이 되도록 관리되어야 한다. 물고기들은 도랑을 따라 이동한다. 도랑을 그 지역에서 자라던 식물이나 다른 자연 요소로 되살리는 일은 물고기가 서식지들 사이를 오갈 수 있게 도와준다. 앞으로 자동차 여행을 할 때에는 도랑에 물의 흔적이 있는지 잘 살펴보자. 갈대나 부들 같은 물에 사는 식물이 있는지 찾아보면 된다. 오리나 거위 같은 물가에 사는 새나 잠자리, 모기 같은 물을 좋아하는 곤충들이 있는지 살펴보는 것도 좋다.

제왕나비는 아메리카 대륙에 사는 나비다. 서식지 파괴, 살충제 사용, 기후 변화 때문에 먼 거리를 이동하는 제왕나비는 멸종 위기에 놓였다. 제왕나비의 수는 최근 10년 동안 72퍼센트 줄어들었다. 북아메리카 서부 지역에 사는 제왕나비의 수가 가장 많이 줄었는데, 1980년대부터 2021년까지 99.9퍼센트나 줄었다.

정답은 '맞았다'이다! 지방 자치 단체가 종종 도로 관리를 그만두는 일이 생긴다. 그러면 도로는 점점 망가진다. 버려진 도로는 표면이 갈라지고, 그 위로 풀과 나무가 우거진다. 베어낸 통나무를 운반하거나 원유나 광물 탐사를 위해 만들어진 도로는 배수 문제가 생기거나 다른 위험을 불러일으킬 수도 있다. 이런 도로들은 제 목적에 따라 제대로 관리되지 않거나, 다른 차량이 다니지 않도록 폐쇄되지 않으면 주민들과 환경에 해를 끼칠 수 있다. 2021년, 캐나다 브리티시컬럼비아주에서 일어난 엄청난 규모의 산사태는 약해진 지반 때문이었다. 캐나다 공영 방송의 보도에 따르면, 전문가들은 이 산사태의 원인이 오래된 벌목 도로 주변을 토지 관리 규정에 따라 제대로 관리하지 않은 데 있다고 보았다.

제왕나비는 여러해살이 식물인 밀크위드에 알을 낳는데, 알에서 나온 애벌레는 밀크위드를 먹고산다. 하지만 살충제 때문에 밀크위드도 제왕나비도 죽게 되었다. 연구자들은 도로변 서식지에 밀크위드를 비롯해 다른 여러 꽃 식물을 심어 보았다. 그 결과, 도로변 서식지를 되살리고 보전하는 노력이 변화를 일으킬 수도 있다는 사실을 발견했다. 제왕나비뿐 아니라 다른 물고기와 동물을 위해서, 도로변 서식지를 잘 관리하고 개발하려면 앞으로 더 많은 연구가 필요하다.

오늘은 도로생태학자의 눈으로!

누구나 환경에 보탬이 될 수 있다. 집 가까운 곳에서 시작해 보는 건 어떨까? 이 책에서 새롭게 알게 된 사실을 가족과 친구에게 이야기해 보자. 그리고 가까이에서 해결 방법을 찾아보자. 운전 자들에게 속도를 줄여 달라고 해 보자. 그러면 로드킬을 줄이는 데 도움이 된다. 교통 체증을 줄이기 위해 걷기, 대중교통 이용하기, 또는 승용차 함께 타기를 하면 어떨까? 어떻게 하면 우리 동네에 있는 동물 서식지를 더 좋게 만들 수 있을까? 지역 문제에 대해 알아보고 지구 곳곳을 가로지르는 지저분한 시멘트 포장도로를 새로운 눈으로 바라볼 수 있도록 상상력을 발휘해 보자.

▼ 밀크위드의 꽃꿀을 먹는 제왕나비. 제왕나비는 여러 가지 꽃에서 나오는 꿀을 먹고살지만, 알은 오직 밀크위드에만 낳는다. 밀크위드 잎은 제왕나비가 애벌레에서 성체로 자라는 동안 먹이가 된다.

길에서 이것만은 지키자

전 세계 사람들은 도로의 영향으로부터 동물을 보호하기 위해 노력한다. 여러분도 함께할 수 있다. 절대로 야생 동물을 방해하지 않겠다고 다짐하자. 또한 동물에게 다음 중 어떤 행동이 해롭고, 어떤 행동이 이로운지 생각해 보자.

▼ 도로변 서식지를 더 좋게 만드는 한 가지 방법은 쓰레기를 치우는 것이다. 쓰레기를 먹거나 쓰레기에 몸이 얽혀 있는 동물은 다치거나 목숨을 잃을 수 있다. 도로변에 다가갈 때에는 조심해야 한다. 자원봉사단과 함께 계획을 세우고, 도로에서 멀찍이 떨어져서, 보호용 장갑을 끼고 쓰레기를 줍자.

1. 걷거나 대중교통 이용하기

2. 야생 동물 서식지를 차로 지나가면서 경적 울리기

3. 도로 옆 도랑에 내려가서 꽃 따기

4. 도로 옆 쓰레기 치우기

5. 자연 서식지에서 돌을 들어내거나 쌓기

6. 뱀, 거북, 개구리가 도로를 건너는 장소에서 어떤 도움을 줄 수 있는지 알아보기

7. 야생 동물에게 먹이 주기

8. 시민 과학자 되기

2, 3, 5, 7번은 해로운 행동이고, 1, 4, 6, 8번은 이로운 행동이다.
올바르게 답했다면 여러분도 도로생태학자가 되는 길에 들어선 것이다!

더불어 사는 지구 85

야생 동물에게 길을 내줘요! - 작은 발걸음 큰 변화 ㉔

처음 인쇄한 날 2025년 11월 7일 | **처음 펴낸 날** 2025년 11월 14일
글 조앤 마리 갤러트 | **옮김** 오지현 | **감수** 최태영

펴낸이 이은수 | **편집** 오지명, 김연희, 박진희 | **북디자인** 원상희 | **마케팅** 이선경 | **제작** 세걸음
펴낸곳 초록개구리 | **출판등록** 2004년 11월 22일(제395-3000000251002004000217호)
주소 경기도 고양시 덕양구 향동로 217 KB동 622호(향동동, DMC플렉스데시앙)
전화 02-6385-9930 | **팩스** 0303-3443-9930
인스타그램 instagram.com/greenfrog_pub
제조국 대한민국 | **사용 연령** 8세 이상

ISBN 979-11-5782-342-0 74840 | 978-89-956126-1-3(세트)